智者與仁者的交會

托爾斯泰與甘地談自由，
愛因斯坦與佛洛伊德論戰爭

彭嘉琪、林子揚｜譯

目次

序

綜觀歷史，一個國家可能在一天之內失去自由，卻無法受百年禁錮。和平是動盪年代的企望，卻總依附在衝突之下。現在人類知道，戰爭能帶來平靜，越是架構森嚴、組織緊密的強權，就擁有越久的盛世太平。

和平與衝突並非兩個極端，兩者應是世道之本質——世上並無完全的和平，孟德斯鳩曾在《法意》(*De l'esprit des lois*) 中寫道：「發生在合法與正義之旗幟下的，才是最嚴酷的暴虐。」也就是說，暴力之極致會在強力規範下展現，甚至比毫無規範更為猖狂。同理，和平的唯一手段可能就是衝突；正如亞里斯多德所言：「人類發起戰爭，進而從中得到和平。」

這個問題千百年來雖受思想家關注，戰禍仍一再發生。今日生活在安穩社會的個人，或許終其一生都不會受戰事波及，世界角落那些慘無人道的事件，聽來有如天方夜譚。不過，即便是人口超過千萬、蓬勃發展的巨型都市也絕非安定；第一世界裡的貧民窟景象歷歷在目，這是眾人在富裕當中不願正視之處；而當身處太平，也有那些不願正視人類本質的樂觀主義者。

誠然，衝突與和平似乎無法切割，兩者關乎人性至深的本質。於是，人類遲早需要面對這個問題，而且注定無可迴避。

本書集結四位思想巨人的觀點。這些看法雖出自不同時空，精神卻同樣崇高——那是一種亟欲透析、解決人類衝突的渴望。

這些信件罕為人知，或許可歸咎於當時的政治壓迫，或當中看法與其各自精通的專業範疇無涉，因此不為人所樂見。然而，如此跨度的思想交會，穿越了種族、國度、時代以及領域，對於科技發達、人口與衝突遽增的今日世界而言，當中格局廣大的精神可作為思想參照，且帶有預言意味，對世人可謂難能可貴的智慧結晶。

I

托爾斯泰與甘地

談自由

至簡而清明的真理

放眼歷史，命運有時會以奇特的方式，讓獨特的靈魂交會、傳承，進而迸發照耀人間的火花。誰能想到，出於種種機緣，俄國文豪托爾斯泰的思想，竟影響了日後的印度獨立？

一九〇八年，托爾斯泰回信給時任美國哥倫比亞大學教授、同時倡導印度獨立的達斯（Tarak Nath Das, 1884-1958）。印度裔的達斯先前曾兩度致信，希望爭取身為公共知識分子的托爾斯泰對於印度獨立運動的支持。

托爾斯泰深思後以題為《致一位印度人的信》(*A Letter to a Hindu*)的一封長信回覆達斯，表達他對此事的看法及態度。

達斯在收到信後，將之刊載於其所主編的《解放印度》(*Free Hindusan*)期刊上。當時，人在南非的年輕甘地輾轉得到此信副本，深受感動，於是致信托爾斯泰，希望獲允能將該文轉載於他在南非所編纂的《印度觀點》(*Indian Opinion*)上。於是，兩人一連串意義與影響皆深遠的通信就此開始。

托爾斯泰是近代倡導「愛與非暴力」原則的第一人，甘地受托爾斯泰精神的啟發，可說始自《天國在你的心中》(*The Kingdom of God is Within You*)一書。托爾斯泰在這本出版於一八九〇年的小書當中，以論述完整表達世人應藉非暴力的方式譴責任何暴力之舉，同時拒以任何形式參與暴力。他在《致一位印度人的信》裡更點明，你我若是贊同向他人施暴，不論其規模大小，無疑就等於贊同別人對你我施暴。他認為，從人類歷史可見，任何主張暴力的社會或組織，其結果必然是僅有少數人得以從中受益、多數人必將嘗其苦果；以暴制暴的手段永遠無法企及「真正、且長久」的公義與和平。托爾斯泰認為，倘若所有人都不為暴力服務，掌權的少數人就無法奴役多數人。「莫力抗惡行，勿參與其中，無論那惡行關乎行政、法庭、稅收，尤其是軍旅。如此一來，你們將不受世上任何人奴役。」他在此信中如是說。

甘地首度致信托爾斯泰是在一九〇九年，此前，他曾在前稱川斯瓦共和國（Transvaal Republic）的南非，領導當地印裔人士抗議官方對於亞洲人的歧視。南非政府當時特別針對亞洲人設有諸多極具貶低意味的法規，例如亞洲人必須備妥身份證以供官員任意查驗，採非基督教儀式進行的婚禮在法律上一律不具效力，甚至有法案禁止印度人移民南非等。甘地率領當地群眾，以非暴力抗議政府的不公之舉，導致他曾多次入獄，但世人也能從此時期看出日後他在爭取印度獨立的「非暴力、不合作」的思想雛型。

．．．

托爾斯泰與甘地年齡相距四十一歲，在這段跨世代的思想交流中，年輕的甘地真切流露出急於改變印度人民處境的激昂熱情；托爾斯泰則以年長智者之姿，援引印度古老智慧，闡述他對普世之愛與非暴力抗爭的獨特觀點，呼籲以愛為根本，以理智視清真相，勿受蒙蔽，鼓勵甘地爭取不受奴役的自由。這段交流持續到托爾斯泰一九一〇年辭世為止，而他在信中闡述的態度，正是影響甘地日後帶領印度順利脫離英國統治的核心精神。

一九一五年，甘地離開南非，返回故鄉。此後三十餘年，他始終秉持非暴力的抗爭態度，逐步領導印度擺脫英國統治。一九四七年八月十五日午夜，印度正式脫離英國殖民，宣告獨立。隔年一月三十日，甘地遭一名印度教狂熱分子刺殺身亡。

所幸，托爾斯泰傳承予甘地的非暴力思想並未於此止息。繼之的實踐者有在美國以非暴力的公民抗命方式爭取非裔美國人基本權益的金恩博士（Martin Luther King Jr., 1929-1968），以及在南非倡議反種族隔離、領導不服從運動的曼德拉（Nelson Mandela, 1918-2013）；他們無不用實際行動向世界驗證托爾斯泰倡議的理想。一九六四年，金恩博士在獲頒諾貝爾和平獎時，就曾致詞表示：「文明與暴力是對立的概念。美國黑人受印度人民感召，同樣向世界展現出『非暴力』並非消極被動，而是能促發社會轉型、主動且強大的道德力量。世人有朝一日將會覓得能讓你我和睦相處之道，如此之道能將眼前的暴力輓歌，轉化成洋溢手足之情的友愛禮讚。」

或許，和平的關鍵確實就在托爾斯泰所形容的「人性本有、至簡的愛之法則」。

致一位印度人的信

萬物皆歸於「一」，人不過以不同名稱喚之。

——《吠陀經》[1]

神就是愛；住在愛裡面的，就是住在神裡面，神也住在他裡面。

——《約翰一書》第四章第十六節

神為整體，而我們為其部分。

——辨喜[2]，《吠陀教義詳解》

……

莫在引發妄想及欲望的俗世中尋求寧靜與安歇，你若如此，將遠離我，將遭拖曳行過生命顛簸之荒野。

當你感受到生命的盤根纏繞雙足，便明白你已偏離我為你指引的道路：因為我本已置你於鮮花滿布的寬闊坦途。我早已為你挑燈引路，領你跟隨，前行無需踉蹌。

——奎師那[3]

01〉《吠陀經》（*The Vedas*）是婆羅門教和現代印度教最重要的經典，包含許多性質不同的著作。
02〉辨喜（Swami Vivekananda, 1863-1902），印度教哲學家，在瑜珈與古印度哲學研究領域甚具影響力。
03〉奎師那（Krishna）是婆羅門教和印度教最重要的神祇之一。

我已收到您的來信及兩本刊物，兩者皆讓我甚感興趣。多數人受少數人壓迫，以及必然從中而生的沮喪感，這現象一直盤據我心，近期尤甚。我會盡力向您解釋我對此的整體看法，尤其是有關在您寄來的印度刊物和信中提及，那些已然發生、且持續存在的可怕惡行的成因。

實情令人訝異。人數為多的勞動者竟屈服於控制自己勞役與生活的一小撮閒人手中，如此現象的原因總是如出一轍，各地皆然——無論施壓者與受迫者是否同種，或如印度與他處的狀況，壓迫者來自異國。

如此現象在印度顯得特別奇怪。因為有逾兩億人民，身心資質皆佳，卻受一小群人所控，而那一小群人在思想上與印度人判若雲泥，在信仰品德上也遠遠不及。

從您的來信、《解放印度》刊中文章，以及辨喜等人饒富意味的著作中可見，現世各國的弊病，成因正在於缺乏一個明智的宗教義理，可藉闡述生命的意義，提供最高規範，指引人類行為，同時也取代偽宗教與偽科學的曖昧誡律；這種曖昧誡律往往帶有從中推論而生的邪惡結論，而如此結論常被人以「文明」稱之。

您的來信，《解放印度》當中的文章，以及印度的政治文獻，普遍顯示印度的公眾意見領袖大多已不再重視印度人民從古至今篤信的宗教義理。他們認定，唯有採用當今英國與其它偽基督教國家中反宗教與極度道德淪喪的社會布局，才能解放人民，免受壓迫。

印度人民之所以遭英國人奴役，原因若非單純如此，主要也在於缺乏這種宗教意識，和理應從中而生的行為指引——如此匱乏現象當今在從日本到英、美等東西方各國，普遍皆然。

．．．

汝等眾生啊，在頂上、腳下，乃至左右兩側見困惑者；你們將自成一道永恆的謎，直到變得謙卑、喜樂，一如孩童。於是你們將找到我，而在發現我後，你們將支配所有世界，並從內在的大世界望向外在的小世界；你將祝福一切，發現萬物皆隨時間與你一同安好。

——奎師那

為了讓您理解我的想法，我必須回溯歷史。我們不會、也無法，或者冒昧而論，根本也無須知道人類在百萬、甚至是一萬年前如何生活。但我們無疑知道，早在我們對人類有所知時，人類即是以特定的群體型態生活著，不論該形態是家庭、部落抑或國家，而群體中大多數人都相信，眾人必須順從或屈服於一人或數人，亦即為數極少的統治者底下。儘管民族性與狀況各自有別，而且形貌多樣，但這種關係模式在世人熟知的眾多民族中無不存在；越是往回追溯，如此模式對統治者和被統治者而言，就越顯得必要，以期藉之讓眾人能和平共處。

因此，它無所不在。然而，儘管這種生活的外在形式已延續數世紀，而且依然存在，但早在距今數千年前，在這個立基於壓迫上的生活當中，一個相同的思想已在各國萌生，那就是彰顯於個體、而且能為所有存在賦予生命的精神元素；這個元素力圖結合所有本質與其相似之物，同時藉由「愛」實現此目標。這種思想以殊異的多種形式出現在不同時空，完整性與清晰度也各自有別。它表現在婆羅門教、猶太教、拜火教、佛教、道教和儒教上，也存在於希臘、羅馬聖賢的著作和基督教與伊斯蘭教內。事實上，這種思想在不同國家與不同時期紛紛湧現，正意味它是人類的固有天性，而且當中包含某種真理。但大眾認為群體唯有藉少數人控制他人，才得以維繫，如此真理因而難與既有的社會秩序相容。再者，如此真理最初又遭人斷章取義闡述，因而晦澀難懂，使得眾人雖在理論上接受此番真理、卻始終無法完全視其為舉止依循的指引。於是，在建構於壓迫上的社會中，此真理的傳播總會遭遇相同的阻撓，而這個阻撓正來自那些認為承認此真理將有損其地位的掌權者；他們時而有心、時而無意地藉由無端穿鑿附會，扭曲真理，甚或公然以暴力反對。因此，這個真理，這個讓生命根基的精神元素來引領人生、體現為愛、對人類而言如此自然的真理，為了為人所接受，不僅得對抗自我闡明時的曖昧難解、周遭那些刻意或無心的扭曲，還需對抗統治者蓄意以迫害與刑罰等手段，迫使人民接受其所頒布、有悖真理的宗教律法的暴力。障礙與扭曲在這仍未完全明晰的真理當中仍隨處可見，就在儒教與道教，佛教與基督教當中，就在伊斯蘭教，乃至於您的婆羅門教中亦然。

．．．

我四處親手播下愛，給予眾人。所有的子嗣都將得到祝福，眾人卻常因盲目而視若無睹。少有人拾起那俯首即可見的豐富贈禮：無數人恣意任性，撇移目光，哀號怨我未曾給予；許多人非但拒絕我的饋贈，也排斥了我。我，一切祝福的根源與萬物存有的創造者。

——奎師那

我羈留在遠離世界紛亂與爭鬥之地。我將以愛與喜樂美化、激揚你的人生，因為愛正是靈魂之光。有愛之處，自有滿足與安寧，而有滿足與安寧之處，即我所在，我亦在其中

——奎師那

無罪者之意圖，旨在行事時不使他人不幸，縱使

能因忽視他人情感而得勢。

無罪者之意圖，旨在不以其人之道還治其人之身。

若是對他人帶來痛苦，即使受者是無端憎惡你之人，終究會有無法忘卻的悲傷。

對為惡者行大善，使其自慚，便是對惡人的懲罰。

若不視鄰人的貧苦一如己身遭遇，盡力援助，那麼優越的知識又有何用？

若在晨間動念施惡他人，將在向晚得到報應。

——《古臘箴言》[4]

04〉《古臘箴言》（*Tirukkuṛaḷ*）為印度詩歌經典。

因此，這個真理遍及各處。「愛」受公認是最高道德，世上無處會反對或否認此真理，然而，它在各地卻又交織著各種將之扭曲的謬誤，最後徒留空言。人民受教導認為這種最高道德僅適用於私領域——一如既往，僅適用於家庭——而公共生活則會採各種形式的暴力，例如監禁、處決或戰爭，以保護多數人不受少數為惡者侵害，儘管這些手段完全與愛背道而馳。依循常理，若有人聲稱可為他者的利益而決定誰將受到何種暴力對待，那麼，受壓迫者反之也能對這些暴行做出類似結論。儘管婆羅門教、佛教，尤其是基督教等信仰的偉大宗師早已預見對愛的如此扭曲，不斷要信徒關注於某種恆常之愛（亦即承受各種加諸己身的傷害、侮辱與暴力，而不以暴制暴），即使如此，世人無論受到各種引領而前進，依然不斷企圖將互不相容的兩者——愛的美德，以及與愛相悖、藉之遏止惡行的暴力——合而為一。這般教導儘管內在帶有矛盾，但已深植人心，以至於那些雖知愛為美德之人，卻也接受奠基於暴力的秩序是合法的，而且折磨、甚至殘殺他人並無不可。

世人長久以來生活在如此明顯的矛盾當中，卻渾然不覺，但對各國思想家而言，這種矛盾如今已更趨明顯。互助互愛為人類天性，相互折磨和自相殘殺則不然，這個古老而淺顯的真理如今益發清晰；因此，對真理做出貌似合理曲解的人，想必只會越來越少。

古時，將施暴甚或侵犯愛之法則的行為合理化的主要方法，就是君權神授：例如俄國的沙皇、伊斯蘭世界的蘇丹、印度的拉者（Rajahs）、波斯的沙赫（Shahs），以及其他各國的元首。但人存在的時間越長，對「神賜予統治者特權」這種怪異說法的信仰就越薄弱。這種認知在基督教與婆羅門世界，乃至佛教與儒教領域，可說幾乎同時式微，方式如出一轍；如此觀念至今已然淡去，不再凌駕於人的理性判斷和確切的信仰情感。如今，人民的目光益發清晰，多數人也明白，將自己的意志託付給與自己並無二致之人，而且受命去做一些不但有違自己利益，同時也與良知相悖之事，是多麼愚昧而且墮落。因此，可能有人會認為，大眾對信仰權威的信心若是不再，對各種君主之神性的想法亦無存，那麼眾人便會解放自己，不再屈從。然而不幸的是，因人民屈從而從中受惠的，不僅有被視為超自然存在的統治者，還有因如此信仰而在這些偽聖人的統治期間環環群聚在其周圍，自我組織、且日漸壯大的一群人。這群人假借治理的形象，大占百姓便宜。在君權超凡且由神授的古老謊言已然衰敗之際，這些人關心的不過是再培植出一個一如前者的新權威，以便人民仍能受少數統治者所役。

⋯⋯

孩子啊，想知道你心該依循何物？拋去你對虛妄的渴望與奮鬥，擺脫你對快樂與智慧的誤解，以及你空洞而虛偽的欲望。放掉這一切，你會懂得愛。

——奎師那

莫成為自己的毀滅者。昇華至你真實的存在，你將無所畏懼。

——奎師那

新理由如今已取代老舊而過時的宗教說法。這些新理由就和舊有的一樣，並不充分；但由於是新的，大眾因此無法在當下識破它其實並無用處。不僅如此，掌權者散播這些新的詭辯，企圖藉理論為其壓迫之舉開脫，手段高超到那乍看之下甚至相當合理，就連受此壓迫所苦的大眾也無從辯駁。這些新理由以「科學」為名，然而在此對「科學」一詞的理解卻與昔日的「宗教」無異。正如昔日所謂的「宗教」一概不容質疑，只因它名為宗教，今日稱為「科學」的一切也不容質疑。如此情況下，宗教對於暴力的過時辯解，包括其承認君權神授的超自然特質，皆已被「科學」的理由取代。這個科學的理由首先主張，由於壓迫他者的行為可見於各個年代，因此壓迫必然會繼續存在。這種「科學」以「歷史規律」稱之的主張，認為人民應該像過去一樣生活，而非依循理性與良知的指引。這種認知還有一個更甚的「科學」理由，認為植物與野獸為求生存而不斷爭鬥，可導致適者生存，因此，人與人之間、這受賦了智慧與愛的人類，彼此也該進行類似的爭鬥；能力有所匱乏的生物需要掙扎求存，適者生存乃無可避免，這便是第二個「科學」理由。

第三個理由最是盛氣凌人，不幸卻也最為普遍，本質上與陳腐的宗教說法差別甚微。這理由認為，在公眾生活中，為保護多數人而壓迫某些人乃在所難免——因此，儘管人際互動往來可能多麼仰賴於愛，壓迫他者仍是無可避免之事。這種偽科學的說法與過去的唯一差別，就在於：為何是某些人、而非其他人，有權決定誰必須遭受暴力對待。對此，偽科學給出了有別於宗教的答案——按宗教說法，因為如此決定權乃出自擁有神力之人，因此有效。而「科學」則認為，這些決定代表著憲政體制下的人民意志，因此理當體現於當下掌權群體的決策與行動之中。

這就是高壓政治的科學依據。如此說法既無說服力，立論也站不住腳，但享有特權者非常需要這種觀點。他們盲目信奉如此說法，一如信奉過去那看似完美無瑕的概念，甚至信心十足地加以宣揚。而注定勞苦的多數不幸者，都受這些「科學真理」的華麗形象所惑，繼而在這等新影響下，視科學歪理為聖潔真理，與過去接受偽宗教的方式如出一轍。他們今日依然屈從於同樣冷酷、但數量卻較過往更甚的統治者手下。

．．．

我是誰？我是你在茫然凝望這世界、但眼前所見遮蔽了真實人生的襁褓之際便已開始追尋的存在。我是你曾在內心祈求與生俱來的權利，儘管你不知那究竟為何物。千百年來，我一直在你靈魂當中。有時就在你的悲傷裡，因你不曾認出我；有時我昂首，睜眼，展臂，溫柔、安靜或費力地呼喚你，力促你去反抗那將你困縛於塵世的枷鎖。

——奎師那

這些狀況因而存在基督教世界中，而且持續進展。我們或許希望，這種新的科學迷信在廣大的婆羅門、佛教與儒教世界中沒有立足之地，希望中國人、日本人與印度人一旦看清這些讓暴力合理化的信仰騙局，會逕直宣揚人性中的愛之法則，因為那正是東方先師不斷致力傳揚的觀念。然而，取代了宗教說法的科學迷信實則已為東方接受，盤據當地，而且日趨強大。

「抵抗侵略非但合理，更是迫切。不抵抗，將會同時有損利他主義和利己主義。」您在您的刊物中闡述此箴言，用以做為指引您人民行動的基本原則。

愛是拯救人類免於所有禍害的唯一方法。在此狀況下，您要拯救您的人民免受奴役，同樣也只有唯一方法。您的人民在遠古時代視清澈、澄明、力量特殊的愛為人類生命的信仰基礎。愛，以及力抗惡人，這兩者牽涉到一種共有的矛盾，徹底摧毀了愛這個概念的整體觀念與意義。結果如何？身處二十世紀，你們身為一個宗教民族的後繼者，卻背棄了先人的規則，堅信科學啟蒙和可如此行之的權利；你們一再重蹈（切莫曲解此意）這些人——倡議暴力之用者，真理的敵人，先是神學、繼而是科學的僕役，你們的歐洲導師——灌輸於你們的愚信。

您說英國人之所以奴役了您的人民，使他們服從，是因為後者的抵抗不夠堅決，而且沒有以暴制暴。

然而情況正好相反。若說英國人奴役了印度人民，那不過是因為後者依舊一如既往地認為，武力是維持社會秩序的基本原則。依此原則，大家屈從於他們的小小邦主，為了邦主苦苦互鬥，對抗歐洲人與英國人，而且如今又企圖再和他們鬥爭。

一家商貿公司奴役了一個有兩億人口的國家。不受迷信所役的人若聽到此話，必然不解。三萬人——不是運動員，而是相對體弱的凡人，竟奴役了兩億個精力旺盛、有能力、而且熱愛自由的聰明人。這表示什麼？這數字難道不已清楚表明，奴役印度人的並非英國人，而是印度人自己？

印度人控訴自己遭英國人奴役，無異於酒鬼抱怨自家近鄰的烈酒商人奴役了他們。你告訴他們大可不再喝酒，但他們答說已經習慣，戒不掉了，而且還得喝上幾口才有精神。數百萬人服從於人數幾千、甚至僅有數百的他者或他國，這不正是同一回事？

印度人民若是受暴力奴役，不過是因為自己歷來至今已習慣生活在暴力當中，因而忽視了人類本有、且永恆的愛之法則。

追尋自身已擁有之物，而且毫無自知者，是何其可悲又愚蠢。是的，可悲又愚蠢，他不識我已給予、且就在他周圍的至福之愛。

——奎師那

只要大眾生活徹底依循愛之法則，那發乎內心、如今已展現眼前的法則，排除所有暴力抵抗，避開所有暴力行動——只要這一天來臨，不僅幾百人無法奴役數百萬人，甚至連百萬人也無法令一個人屈服。莫力抗惡行，勿參與其中，無論那惡行關乎行政、法庭、稅收，尤其是軍旅。如此一來，你們將不受世上任何人奴役。

．．．

噢，靜坐束縛中，不停追尋自由，氣喘吁吁的你，應當只追尋愛。愛的本質是寧靜，那是帶來全然滿足的寧靜。我是開啟祕境之門的鎖鑰，那裡唯有滿足。

——奎師那

東西方世界當今的現象，一如每個人從童年過渡到青春期、從青年再到成年時會發生的狀況。他失去了先前人生目標的指引，生活毫無方向；他尚未尋得與其年齡相符的新標準，於是憑空創造出各式消遣、關注，以及諸多分心與令人麻木之事，藉以轉移注意力，避見自己人生的無謂與苦痛。這種情況可能會持續許久。

人一旦從人生某個階段過渡到另一階段，便無法再像過去那樣，繼續以無謂之舉與尋求刺激度日；他必須明白，儘管過去一直導引他的準則已不再適用，也不表示他得在沒有明理指引的狀態下生活。他得為自己制定出相應於年紀的生活價值觀；而要闡明其意義，必得先順之而行。同樣地，人類的成長與發展必然也會出現與此相似的時刻。我相信這個時刻已到來——這不是說它會在一九〇八這一年發生，而是說，人類生活中的既有矛盾，如今已達極度緊張的程度：一方面人民已意識到愛之法則的優點，另一方面，延續數世紀的既有生活秩序，引發了一種空虛、焦慮、不安與憂愁的生活模式，而這個模式乃建構於運用暴力上，與愛之法則相悖。人必然需要面對如此矛盾，但問題的解方顯然不會受經久長存的暴力法則所喜，而會受自古以來便常駐人心的真理相迎，而此真理便是愛之法則與人類天性相融、相契。

不過，人類唯有在徹底擺脫所有宗教與科學的迷信，以及所有伴隨而來的誤解和強詞奪理的扭曲，才能完整意識到這個數百年來因為上述原因而未受認同的真理。為了拯救下沉中的危船，必得拋去船上的壓艙物；這些東西即便一度有其必要，如今卻會導致船沉。讓人類不見福祉真理的科學迷信便是如此。世人應當擁抱此真理，不是以未經世事的含糊方式，亦非採宗教或科學導師那種斷章取義的曲解手段，而是應將此真理奉為至高無上的法則。為此，讓此真理徹底擺脫仍使其曖昧不清的偽宗教及偽科學迷信，自有其必要。這個企圖心不應固守被時代及民族習慣神聖化後的傳統——但受創建錫克教的拿那克宗師（Guru-Nanak）、基督教世界的馬丁路德，以及其他類似信仰改革者影響的傳統則不在此列——因而畏畏縮縮、不敢大刀闊斧進行，而是要徹底淨化信仰意識，使之免受所有古老宗教與現代科學的迷信影響。

世人若能從各種歐馬茲特、梵天、耶和華撒巴俄[5]，及奎師那和基督化身的信仰中解脫，擺脫對天堂與地獄，輪迴與復活的認知，不再相信諸神會干預人間俗事，尤其，若是不再認為諸如《吠陀經》、《聖經》、《福音書》、《三藏》、《古蘭經》等所有此類經書不會有誤，同時也不再盲信各種關乎極其微小的原子及分子，無限廣袤的悠遠世界和其起源與演進等的科學教條，而且不再認為人類當前臣服其下的歷史、經濟和適者生存法則等諸如此類的「科學法則」必然不會出錯；如果能擺脫在你我低下的心智和記憶能力無謂運作下累積出名為「科學」的可怕東西，擺脫各種史學、人類學、說教術、細菌學、法律學、宇宙結構學、戰略學等所有這些其名繁多、愚蠢有害的「壓艙物」——那麼，人性本有、至簡的愛之法則，將會變得澄澈清明，不但眾生皆能理解，這個法則亦能化解世間所有問題與疑惑。

．．．

孩子呀，看看你腳邊的花，莫將之踐踏。看看你心中的愛，千萬別拒絕它。

——奎師那

05〉歐馬茲特（Ormuzd）是古波斯與拜火教的至高神明；梵天（Brahmas）是古印度的祈禱神，而薩巴俄（Sabbaoth）意指萬軍之主。

有一種更高理性，超越所有人類思想。它既遠又近。它滲透各種世界，同時又遠遠超過世界本身。一個識得萬物皆包含在此更高精神內的人，不會蔑視任何生靈。

對他而言，所有生靈俱與這個最高靈魂相同，之間全無欺瞞與悲傷之餘地。

無知且只致力於宗教儀式者，等同身處深深幽暗；但放棄一切只為徒勞冥想之人，置身的幽暗更是深沉。

——《奧義書》

是的，在這個時代，人類為了逃離已達極限的自種惡果，必須掃盡這一切。不論是企圖擺脫英國統治以求自由的印度人，或是任何與自家或異邦壓迫者對抗的抗爭者；不論是起身抗衡北美白人以捍衛自己的黑人，對抗波斯、俄羅斯或土耳其政府的當地人民；或是為自己與他人謀求最大福祉的任何人——大家全都無需仰賴古老宗教迷信的解釋或理由，例如您的辨喜、智者巴拉提[6]之輩的闡述，抑或基督教世界中一眾相差無幾的人對無用事物的那些詮釋；大家也不需要那些對無用、甚至有害的問題多如牛毛的科學理論（在靈性世界裡，萬物皆重要，而無用即是有害）。印度人欲求之物，與英國人、法國人、德國人、俄羅斯人毫無二致；那不是憲法與革命，不是各種聯盟與議會，不是用於潛艇或航空導航的精密儀器，不是強力炸藥，不是為富人再添享樂的各式便利設備；那不是設有無數學科院系的新學院與大學，不是漫無邊際的研究報告與書籍，不是留聲機與電影放映機，也不是

06〉巴拉提（Govindananda Bharati, 1826-1936）：印度聖者。

那些幼稚、且多已墮落、自稱藝術的不智之物——眾人真正需要的，唯獨一事：那就是認知至簡而清明的真理，而這個真理就在每個未因宗教與科學迷信而麻木的靈魂裡；這個真理就是你我生命中唯一真切的法則僅有一個，那就是為每個個體與全人類帶來至高喜悅的愛之法則。從那些蔓生、巨大、阻礙你識見真理的愚昧中解放你的心智，那麼，從扼殺真理的偽宗教謬論當中，那人類本有、確切而永恆的真理，那在世上所有偉大信仰中皆是唯一且相同的真理，將即刻從中而生。它將在適當的時刻出現，順利受普世認同，遮蔽它的胡言將自動消失，而今日世人所受的邪惡苦難亦將隨之潰散。

孩子呀，用你遭蒙蔽的雙眼往上看，一個充滿喜悅與愛的世界會向你開展，那是我智慧所創造的理性世界，唯一真實的世界。於是你會明白，愛對你有何影響，愛對你有何餽贈，愛對你有何要求。

——奎師那

一九〇八年十二月十四日

寫於亞斯納亞—博利爾納[7]

07〉亞斯納亞－博利爾納（Yasnaya Polyana）是托爾斯泰出生、生活與長眠之地，具莫斯科約二百公里。

【甘地首度致信托爾斯泰】

西敏宮飯店
維多利亞大道四號
倫敦 S. W.
一九〇九年十月一日

先生，

容我冒昧懇請您關注川斯瓦共和國（南非）近三年來發生的事件。

該殖民地目前約有一萬三千名英籍印度人，這些印度人多年來都在法治不周的狀態下抗爭著。該殖民地對有色人種的偏見，以及某方面對亞洲人的歧視現象甚為嚴重。後者的成因，主要乃出於對亞洲人「貿易的猜忌」（trade jealousy）。

三年前頒布的一條律法讓事態達至高峰，我和許多人都認為，該法刻意貶低、羞辱了施行對象。

我認為若遵守此等性質的法律，有違真正的宗教精神。不少友人與我過去深懷不抵抗惡行的信念，至今依然堅定不移。我有幸曾拜讀您的文字，印象甚為深刻。英籍印度人目前深陷前述狀況，採行了不屈從該法的建議，卻因而蒙受牢獄之災，或遭其他施於違法者的懲罰。結果，有近半數的印度人無法承受如此激烈的鬥爭與監禁折磨，寧可離開川斯瓦共和國，也不願接受有辱人格的規條。至於另外半數，有近兩千五百人則因為出於良知，甘願受囚，有些人入獄甚至多達五次。入監刑期從四天到六個月不等，服刑期間大多伴有苦役，許多人的生活收入也因此難以為繼。

川斯瓦共和國目前有逾百名的被動抗爭者遭囚獄中。其中不乏日復一日為生計奮鬥的赤貧之人。這些人的妻兒最後得仰賴公眾捐獻維生，而這些捐獻主要仍來自其他被動的抗爭者。

如此狀況對英籍印度人造成巨大壓力，但就我看來，大家目前仍對應得宜。這場抗爭仍持續進行著，不知何時能結束。不過，至少我們已清楚看見，被動抵抗即將、也能夠攻克那蠻力必敗之地。我們也注意到，這場抗爭之所以能持續至今，主因正是因為我們的軟弱。這種態度讓政府產生一種內在思維，認為我們無法持續忍受折磨。

此次我與友人一同前來倫敦拜訪帝國政府，傳達我們的處境，希望尋求方式解決。被動抵抗者深知自己無需向政府乞求，但由於我們是受託代表群體中的弱勢成員而來，因此，我們代表的並非其剛強，而是其柔弱。但依我在倫敦的觀察，若能以「不反抗運動之道德與效用」為題，邀請賢達撰文，將能推廣整個運動，引發大眾思考。一位友人提出了此舉在道德上的問題，他認為該活動有違被動抵抗的真正精神，等於是在收買他人的認同。能否承蒙您惠賜對此道德議題之高見？倘若您認為邀文爭取認同並無可非議之處，尚祈推薦幾位我可特別邀請為此議題撰文的人選。

還有一事占用您些許時間。您曾致信一位印度人，談及印度當前的動盪；我經友人輾轉得到該信副本。依我淺見，這信或許代表了您的觀點。吾友有意自費印製兩萬份廣為發送，當然也需將之翻譯。但我們無法確認原始版本。除非確定此副本的正確性，得知它確實是由您親筆撰寫，否則就此印製並不符情理。冒昧在此附上副本，懇請您確認本信是否為您所撰，副本內容是否正確，以及您是否允許上述的發表方式。若您希望補上更多內容，也請直接修改。

請容我冒昧建議。您在信中作結的那段，似乎有意勸阻讀者相信轉世觀念。我不知（如此提及絕非有意冒犯）您對此議題是否曾有研究。轉世或輪迴觀是數百萬印度人珍視的信仰，在中國亦然。許多人甚至認為轉世關乎經驗，而不在學理接受與否。如此觀念合理地解釋了許多生命的奧祕之處。對那些在川斯瓦共和國曾遭囚禁的被動抵抗者而言，這個觀點也是他們的心靈慰藉。此言無意要您相信此教義的真實性，而是想央請您，能否將「輪迴」一詞從您勸阻讀者的內容中除去。

您在信中大幅引用奎師那所言，將之標示於段落間。若您能提供引文出自何書，我必甚為感激。此信想必對您多所叨擾。我自知一個竭力追隨您的崇敬者如我不該如此占用您的時間，且不應為您增添麻煩；儘管您與我素不相識，我仍為求真理而冒昧致信，企盼藉此得到您對上述問題的建議，而那建議亦是您暢行人生之道。

謹此

閣下恭順之僕

M·K·甘地

【托爾斯泰回信】

一九〇九年十月七日

亞斯納亞——博利爾納

方才剛收到你如此有意思的信，甚感愉快。願神幫助你在川斯瓦共和國的所有弟兄與同志。這場溫和與暴戾的鬥爭中，一方是謙卑與愛，另一方則是自負與暴虐，令我們在此處感受更是強烈——尤其見於宗教義務與國家律法的劇烈衝突當中，這些衝突多以良心拒服兵役[8]之態展現，而此類抗拒可說頻繁。

我的確寫過「致一位印度人的信」，也樂見它譯為英文。信中論及奎師那的該書書名，我會央請莫斯科那邊傳達。

至於輪迴，我自認應當沒有疏漏之處；因為在我看來，在神聖的真理與愛當中，重生信仰的扎根程度，永遠無法如靈魂與信念的不朽性那般深邃，對人也有所阻礙。當然，你若堅持，刪去信中那些你有疑慮的段落亦無妨。

我樂意為貴版本提供協助。見到己作得以譯為印度各種方言出版流傳，純然為一樂事。至於版稅問題，在這虔敬的許諾中根本不應論及。

予你友愛問候，能與你聯繫，甚喜。

列夫．托爾斯泰

08〉良心拒服兵役（conscientious objection），是指基於道德或宗教，拒絕進入武裝部隊或攜帶武器的行為。

【甘地回信】

倫敦維多利亞大道四號
西敏宮飯店
倫敦，W.C.區
一九〇九年十一月十日

親愛的先生，

疑問。

謹此感謝您來信回覆「致一位印度人的信」事宜，以及我在信中所提的疑問。

獲悉您身體微恙，我忍住不去信確認，以免造成您的困擾；我知道以書面表達感謝只是多餘形式，不過，莫德[9]先生和我如今得以會面，他保證您的健康狀態確實維持良好，而且每日早晨仍持續規律地處理信件。這對我是個大好消息，激勵我繼續寫信向您請教您教導中最重要的核心。

容我冒昧寄上一位友人所撰寫的書——他是英國人，目前人在南非，與我關係密切。這本書談及與我連結緊密的抗爭、一場讓我為之奉獻此生的抗爭。出於得到您的認同與支持的渴望，我自忖您應不至於認為此寄書之舉有逾常理。

09〉莫德（Aylmer Maude, 1858-1938）是托爾斯泰著作的英文譯者，亦是其好友，曾為他作傳。他在俄羅斯生活多年後，返回英國度過餘生。

我認為，印度人在川斯瓦共和國的這場抗爭，是當代最宏大的一場，因為它的目標和實現方式已將之具體理想化。我沒見過一場抗爭的參與者最終是如此不求個人私利，當中參與者有半數甚至因為秉持原則，而遭遇極大的苦痛和考驗。我一直未能以自己盼望的程度為這場抗爭發聲，而您所引領的或許是當今最廣泛的一群大眾，若是您對將能在多克先生[10]書中讀到的事實亦有同感，又假如您認為我得出的結論是合情合理，那麼，能否懇請您以任何您認為合宜的方式，發揮您的影響力，讓這場運動廣為人知？這場抗爭一旦成功，其意義不僅在於信仰、大愛與真理戰勝了非宗教、仇恨與謬誤，對於印度數百萬人、乃至全世界所有遭到輕鄙踐踏的人民而言，亦是足以借鏡的範例，而且暴力的群黨必將崩解、潰散，至少在印度將會如此。假使眾人能如我所願堅持到底，那麼，我毫不懷疑我們最後終將勝利；而您的鼓勵，無論以何種方式，都將益發強化我們的決心。

先前我們為解決此問題而進行的協商，實際上已然失敗，本週我將與夥伴返回南非，並且自願入獄。請容我補充一點，吾兒已自願與我共同加入這場抗爭，他目前正在牢中接受為期六個月的苦役監禁。這是他在抗爭期間第四次入獄。

若您狀況許可回信，懇請寄到如下地址：

南非 約翰尼斯堡，六五二二號郵箱。

願您身體健康，

閣下恭順之僕

M·K·甘地

10〉多克（Joseph Doke,1861-1913）是英國教會的牧師，亦是甘地友人。此處即指多克在一九〇九年所著的《甘地：南非的印度愛國者》（*M K Gandhi: An Indian Patriot in South Africa*）一書。

經托爾斯泰允許後，甘地將其《致一位印度人的信》加上副標題「印度的臣服——其病因與解藥」，重新刊載於《印度觀點》雜誌上，並撰寫如下序文。

這是譯自托爾斯泰以俄文寫成的信函，是他回覆《解放印度》報社編輯的一封信。這封信歷經諸多轉折，最後我透過友人輾轉取得。他帶著信，來找對托爾斯泰甚感興趣的我，洽詢本信是否值得公開出版。我立刻同意，並表示應將本信譯成古吉拉特語[11]，也應勸說他人將之譯為多種印度方言出版。

由於我得到的副本是打字版本，因此致信原作者確認此信是否出自其手，他回覆此信確實是由他本人親撰，亦善意地同意交由我們出版。

身為這位偉大導師的忠實追隨者，我長久以來一向視他為人生的重要指引；能參與出版他的書信，是我的莫大榮幸，尤其是這封即將公諸於世的信件。

常言道，每個印度人無論承認與否，都各有其對國家的抱負。然而，有多少個印度民族主義者，就會有多少種見解，尤其是關於如何達成目標的方法。

暴力即是其中一種「經典方法」。韋利爵士遇刺事件[12]正是當中最糟糕、最惡劣的實例。托爾斯泰畢生致力尋求的，是覓得取代以暴制暴的方法，以不抵抗邪惡之道來實現改革。他以自我犧牲的愛，面對暴力的仇恨。他始終認為，沒有任何事物能削弱這份偉大、神聖的愛之法則。他將此應用於所有

11〉古吉拉特語（Gujrati）為印度方言，也是目前印度官方語言之一。
12〉韋利爵士（Sir William Curzon Wyllie, 1848-1909）英屬印度陸軍軍官，一九〇九年在倫敦遭人刺殺，兇手是就讀倫敦大學的印裔學生 Madan Lal Dhingra，他與印度民族主義組織有密切聯繫。

困擾人類的難題上。

當偉哉如托爾斯泰、西方世界中思緒最清晰的思想者，最偉大的作家，且在從軍時瞭解了暴力的意義與作用的偉人，當他譴責日本盲目追隨謬誤的所謂「現代科學」，並憂心該國即將迎來「極度災難」之際，我們應當停下來思考，我們在不滿英國統治的同時，是否也不願意以另一種更低劣的邪惡取代當前的邪惡。印度，世上諸多偉大信仰的搖籃，將不再是民族主義的印度；無論她將如何轉變，一旦她歷經文明的過程，讓兵工廠與可恨的工業主義這些致使歐洲人陷入奴役狀態的事物在神聖的土地上重現，人類最良善的本性在當中必將遭到扼殺，但這良善的本性正是人類的傳承。

我們若不願意讓印度受英國人殖民，就必需付出代價。托爾斯泰指出，

「莫力抗惡行，勿參與其中，無論那惡行關乎行政、法庭、稅收，尤其是軍旅。如此一來，你將不受世上任何人奴役」，這位亞斯納亞─博利爾納的智者如此激昂地宣示，誰能質疑他隨後所言：「一家商貿公司奴役了一個有兩億人口的國家。不受迷信所役的人若聽到這句話，必然不解為何。三萬人──不是運動員，而是相對體弱的凡人，竟奴役了兩億個精力旺盛、有能力、且熱愛自由的聰明人。這表示什麼？這些數字難道不已清楚表明，奴役印度人的並非英國人，而是印度人自己？」

要理解托爾斯泰控訴現行制度的中心思想，無須全盤採納他所言，當中對某些實情的陳述猶未精準。理解那中心思想，即是明瞭那是對愛的理解與實踐，是超越肉體的靈魂無法抗拒的力量，那是靈魂的特質，凌駕我們透過暴力或蠻力萌生的邪惡情緒。

托爾斯泰所言之道，無疑並非新鮮事。但他對此古老真理的陳述方式，卻帶有令人耳目一新的力量，其中邏輯無懈可擊。最重要的，是他對自己所言身體力行，以理服人，為人真誠且認真，值得我們關注。

甘地，一九〇九年十一月十九日

#【甘地致信托爾斯泰】

致列夫．托爾斯泰，亞斯納亞——博利爾納，俄羅斯。

約翰尼斯堡，一九一〇年四月四日。

親愛的先生，

希望您仍有印象，我在倫敦短暫停留時曾與您通信。身為您忠實的追隨者，隨函謹附上我所寫的一本小冊，這是我個人的古吉拉特語譯作。原始版本出乎意料地遭到印度政府查禁，因此，我趕緊出版了此譯本。

不為您造成困擾，是我最為掛心之事；但若您健康允許，又蒙您有空閱讀此小冊，我必會十分重視您的任何指教。

隨函亦附上數份您授權刊載的《致一位印度人的信》複本，此信目前也已譯為另一種印度語。

此致

閣下恭順之僕，

M．K．甘地

【托爾斯泰回信】

致甘地

亞斯納亞—博利爾納，一九一〇年五月八日

親愛的朋友，

我剛收到你的信和《印度家規》（*Indian Home Rule*）一書。

讀過你的書，興味盎然，因為我認為你在其中論述的「被動抵抗」，是至關重要的課題；不僅對印度而言如此，對全人類亦然。

我找不到你先前的來信，但多克為你所做的傳記令我深感興趣，而且讓我有機會能認知、並理解你的信件。

我目前狀況不佳，因此對於你的書與所有活動的想法，暫無法去信多作表達，但我非常欣賞，只要我感覺好些，會盡快回信。

你的朋友及兄弟

列夫·托爾斯泰

【托爾斯泰去信甘地】

致甘地

約翰尼斯堡，川斯瓦共和國，南非

高徹地[13]。一九一〇年九月七日。

我已收到你的《印度觀點》期刊，很高興見到其中談及人民揚棄所有武力反抗，立刻想告訴你我在讀過之後萌生心中的想法。

我活得越久，尤其在清楚意識到大限將至的此際，就越想表達出我感受最為強烈、在我看來亦至關重要的一點，那就是揚棄所有武力抵抗；簡言之，就是那未遭詭辯扭曲的愛之法則的教誨。愛，或者說，人類靈魂追求合一、並從中產生相互順從的行為，代表著生命最高、而且唯一的法則，這是人在身陷世俗思想的謊言之網糾纏之前，內心深知、而且感受得到的（在孩童身上最是清楚可見）。這套法則受各方哲學宣揚——中國人、猶太人、希臘人乃至羅馬人，也包括印度人。我認為，當中基督宣示的最具代表性。他明言，所有法則與先知皆源於此。不僅如此，由於他已預見曲解愛可能有礙、甚至阻隔世人的認知，因此他特別指出表現在逐利世俗之人身上那不實陳述的危險——也就是說，他們能稱自己有權以武力捍衛利益，或者，正如他們所言，能藉武力等方式，逐一藉報復追回被盜的財產等等。正如所有明理者必有的認知，基督知道，使用任何武力，都與「愛」這個生命最高法則相悖；只要施暴看似合理，那怕只有一次，這個法則也會立即遭到否定。基督教文

13〉高徹地（Kochety）位於今日俄國奧廖爾州 (Oryol)，距莫斯科約三百六十公里。

明看似輝煌，但它的發展完全就是建立在如此明顯而怪異、部分是有意，但絕大多數是無意識的誤解與矛盾上。然而，若以暴力去捍衛愛的法則，這個法則在本質上可能會因此失效。而愛的法則一旦失效，那麼，世間將再無任何公理，僅剩強權。基督教世界就在如此模式下存在了一千九百年。確實，人民一向讓自己受暴力控制，據此做為維持社會秩序的主要原則。基督教國家與其他國家的唯一區別是，愛的法則在基督教信仰中表達得更清楚、更明確，而且受到信徒慎重地接納與承認，遠較其他信仰為甚。儘管如此，基督徒卻認可武力，而且以暴力建構其生活——也因此，基督教國家在信仰與建構生活的原則之間產生了劇烈的矛盾：這是理應充做行為標準的愛之法則與暴力之間的矛盾，而這個暴力有各種形式——政府、法院和軍隊等諸多被人認為是必要、且地位崇高的組織。如此矛盾已隨基督教精神生活的發展而加劇，嚴重程度近來已極度緊繃。

當前的問題是，我們必須在二者中擇一——一是承認我們其實根本不知信仰道德為何物，只不過任由強權決定我們的生活；或是要求廢除所有強制稅收，所有法律、警察制度，尤其是軍事制度。

今春，在某場莫斯科女子學校的讀經考試中，某位宗教科老師在另一位大主教也在場的情況下，詢問女學生有關十戒之事，尤其是第六戒[14]。在學生正確背誦完所有戒律之後，大主教有時會再提問。這問題常是：「依神的律法，是否在任何情況下皆禁止殺人？」受導師誤導的可憐女孩們不得不回答：「未必。殺人在戰爭與行刑中是可以的。」但當「殺戮是否必然為罪惡之舉」這種慣有的後續問題落在這些可憐的孩子頭上時（此處所言並非軼事，而是目擊者告訴我的真實事件），那女孩面紅耳赤、激動且堅決回答：「絕對是！」儘管大主教熟諳詭辯之道，女孩仍堅持，在各種情況下殺人都

14〉此指十誡當中的「不可殺人」。此誡在猶太教、新教和正教會中屬第六誡，在天主教和新教路德教派則屬第五誡。

是禁止的，即便舊約聖經也這麼說，而且基督不僅禁止我們殺人，廣義而言，甚至也不可傷害鄰人。大主教縱使地位威嚴，且知巧語詭辯，他卻無言了。女孩終究得勝。

沒錯，人類或許大可在報上大談自己的進步——制空權、精通複雜的外交關係、嫻熟各式俱樂部和新發現、各種聯盟，以及所謂的藝術——而輕忽那個女孩所言，但我們完全無法令她緘默，因為每個基督徒都有與此相同的感觸，儘管程度可能各有明晦之別。社會主義、共產主義、無政府主義、救世軍[15]，犯罪率增加，勞苦的解脫，富人日益荒謬的奢侈，窮人漸形加重的貧苦痛楚，自殺人數可怕的上升——這些跡象全部直指內在的矛盾必須、也理當得到解決，而且解決方式理所當然在於承認愛的法則，拋棄所有對武力的依賴。川斯瓦共和國雖然對我們而言好似遠在天邊，但你在當地的作為仍讓我們十分關注，也提供了能分享給世人、最重要的實證，不單是對基督徒，全世界所有民族皆能參與其中。

俄羅斯也有類似的運動正迅速引起大眾關注，拒絕服役者逐年增加；我想，你若聽到此事，應該會很開心。不過，即使與你們並肩摒棄武力抵抗的同行者不多，我們的拒絕服役者數量也少，但你我都能說神與我們同在，而神比人更強大。

在基督教信仰的聲明裡——即便是一個已然變形的基督教，一個同時相信隨時可進行大規模屠殺的軍隊與軍備有其必要的信仰——也有一個明顯的嚴重矛盾存在；這個矛盾遲早會赤裸裸地攤展在天光下，而這一刻可能即將來臨。所有政府都已意識到如此矛盾，你們的不列顛政府和我們的俄羅斯政

15〉救世軍（salvation army）是以軍隊為架構的國際宗教及基督教慈善公益組織，成立於一八六五年。

府皆然；因此，識破如此矛盾之人，會遭受政府比對待其他危及國家的活動更嚴厲的反制，一如我們在俄國所經歷，及你的雜誌中所刊載的那樣。各國政府知道威脅最甚的危險來自何處，他們戒慎防衛，為的不僅是想保全其利益，實際上也是為了其自身存續。

你誠摯的，列夫·托爾斯泰

托爾斯泰在寫下本信兩個多月後便與世長辭，這封信也是這一連串交流的尾聲。與托爾斯泰通信讓甘地得到日後投身獨立運動的勇氣與力量。

對甘地而言，在南非的時日是累積其日後影響力與思想的重要時期。一九一三年，他在南非被捕，當時他正領導一群印度礦工參與集會活動。隔年，當地政府終於允諾緩減對印度人的壓迫。

甘地在一九一五年返回印度，迅速成為印度獨立運動的領袖。一次大戰後，他因不服從、不合作等政治主張，遭英國當局多次逮捕，獲得世界關注。甘地提出的政策並非一向順利，但憑藉其強大意志及逐漸擴張的影響力，他在回到印度後的三十二年間，曾發起多次「非暴力不合作」與絕食行動。幾經波折，印度最後終於得以在一九四七年宣布獨立。

II

愛因斯坦與與佛洛伊德

論戰爭

人性的良善可否止戰？

一九三一年，聯合國前身的國際聯盟（League of Nations）為促進各領域知識分子相互交流，便由國際智力合作委員會（International Committee on Intellectual Cooperation）出面，邀請愛因斯坦就政治與和平議題，與他所選擇的人士進行跨界思想交流。該委員會為促進各領域知識分子交流的國際組織，即是今日聯合國教科文組織（UNESCO）的前身。

獲此機會，愛因斯坦選擇了佛洛伊德做為交流對象。他們曾在一九二七年有過一面之緣。佛洛伊德較愛因斯坦年長二十三歲，對於兩人當年初見面的情況，他曾幽默表示：「他對心理學的理解，就和我對物理學的所知一樣多，因此，我們聊得十分盡興。」然而，愛因斯坦的這個對談選擇，其實帶有些許風險，因為學界當時對於佛洛伊德的理論仍多持保留態度，甚至不乏批判者。

愛因斯坦向佛洛伊德提問：「是否有任何辦法，能讓人類擺脫戰爭威脅？」隨後兩人便就此開始通信，討論人性及止戰的可能。

而對此大哉問，佛洛伊德以心理學家的立場，從人性本能的侵略及破壞特質切入，解析人類發動戰爭的原因。他認為，人類之所以引戰，多出於兩種因素，一是爭奪有限物質資源的欲望，另一則是受內心的本能驅使。這在暗中驅策人類產生行為的，一是破壞與殺戮的本能，另一則是愛欲的本能，而兩種本能無論運作是協同或互斥，總會與對立的本能有一定程度的混合。

佛洛伊德在回信中同時也從歷史角度，窺看促成群體聚合與造成崩散的重要因素。他認為，肇因於天性，人類的攻擊傾向永遠不可能遏止。就算有方法，也只能暫時解決戰爭課題，無助於永久消弭世上戰禍。

特別的是，佛洛伊德指出，有些戰爭確實有助於和平與秩序的成形，若細論，本質上甚至帶有正面效果。如此從心理學與人性剖析的特殊觀點，顯然有違持反戰態度者的傳統認知。佛洛伊德真正相信的是，莫認為人性的良善與所謂的文明能抑制或消弭人類本質中的侵略與破壞天性，從而遏止戰爭；世人反而應接受如此黑暗的「死亡本能」，進而在文化演進過程中認知文明的能力極限。但在如此冷靜且犀利的剖析下，佛洛依德仍然認為，所幸，與破壞本能對立的愛欲本能、所有那些讓人與人之間產生情感認同和牽絆的因素，定能在化解戰爭之效中扮演一定的作用。

．．．

佛洛伊德論及人性破壞本能的觀點，在不久後的歐洲局勢上得到殘酷的驗證。一九三三年，納粹勢力在德國興起；愛因斯坦當時人在美國，由於納粹反猶，德國境內一連串的變動讓他深知再難返國，因此決定留居美國普林斯頓。他與佛洛伊德兩人先前就止戰議題的通信內文，也在該年以法、德和英三種語文印行出版，但印量稀少，僅有少量流通，而且未廣為人知，後來在希特勒政權下的德國甚至遭禁，而佛洛伊德的著作同樣也在柏林遭焚。

一九三八年，納粹占領維也納，猶太裔的佛洛伊德此時雖已七十八高齡，也不得不離開久居一生的故鄉，在隔年五月移居英國倫敦。

同為猶太裔的流亡作家褚威格（Stefan Zweig, 1881-1942）曾在其回憶色彩濃厚的《昨日世界》（*Die Welt von Gestern*）中，如此形容這時的佛洛伊德：「我在那些日子常和佛洛依德談論戰爭及希特勒世界的恐怖。身為具有人性的一介凡人，他震驚於這一切，但身為思想者，對於如此野蠻之舉，他又不覺訝異。佛洛伊德說，大眾一向指責他是悲觀主義者，因為他認為人類文明無法戰勝人性的野蠻本能。如今，世人已看到他的觀點已以最教人驚駭的方式獲得證實——人類靈魂當中最原始且野蠻的毀滅本能顯然無法根除。當然，他對此並不自豪。或許人類將來能找到遏止如此毀滅本能的方式，至少在公眾生活中可以，但在日常生活以及人性本質深處，這樣的本能絕對無法徹底根除。」

一九三九年九月二十三日，二次世界大戰爆發後的第三週，罹患下顎骨癌已久的佛洛伊德選擇以注射過量嗎啡的自主死亡方式，逝於倫敦，幸運地未見到日後全世界的烽火連天。

【愛因斯坦致信佛洛伊德】

對於您釐清真理的熱情，我甚感敬佩——那種熱情業已在您思想中主宰一切。您已透徹呈現，在人類精神當中，侵略、破壞的天性，與愛的本能及生之欲望是何等密不可分。同時，您令人信服的立論，也展現出您讓人類內在及外在得以從戰爭之惡中解放的深遠奉獻。這正是所有獲尊為道德與精神領袖者的深切希望，不論其時代與國家，從耶穌、歌德乃至康德。即使這些人影響世人的願望成果未豐，也已受普世認定為領袖，這箇中難道不是意味深長？

我相信，即便理念相同者僅有小眾，幾乎所有因自身成就而偉大的偉人，也會受人認定為領袖。然而他們在政治上的影響甚微。對國家命運至關重要的人治領域，顯然無可避免地掌控在完全不負責的統治者手中。

儘管領導者或政府握有權力，無論那權力是藉武力或經人民選舉而得，我們仍無法視之為一國優越的道德或知識分子的代表。當前各國知識精英對歷史不具任何直接影響力，原因在於眾人分裂成諸多派系，導致各派成員無法就解決眼前問題攜手合作。藉由組建一個當中成員的事業與成就可擔保其能力與誠信的自由聯盟，或許能為此帶來改變。不知您對此可有同感？這個具備國際視野的團體，成員彼此應透過不斷交換意見保持聯結；對於政治問題，如果眾成員的共同連署支持態度可透過刊物媒體而廣為大眾所知，在解決問題上便可能產生顯著且正向的道德影響。當然，這樣的聯盟會受所有經常導致學術社團墮落的缺陷所苦；鑒於人性的瑕疵，很不幸地，這種可能導致墮落的危險會永遠存在。不過，儘管有此風險，對於籌建這樣的聯盟，我們難道不應撇開所有顧慮，至少一試？在我看來，這是當務之急。

這個由真正具備視野高度的知識分子組成的聯盟一旦成形，可能就會積極爭取宗教團體支持其反戰態度。這個聯盟可為許多人帶來起身行動的道德力量；他們的良善意圖眼下正因一種惱人的屈從態度而癱瘓。我也相信，這個由一眾以個人成就而受大眾崇敬者所組成的協會，可為國際聯盟[1]成員提供重要的道德支持力量；成員們對於該聯盟之所以創建的偉大目標，擁護甚為積極。

我之所以向您、而非其他人做此提議，是因為您對於現實的感知不像其他人受一廂情願的看法所蒙蔽，也因為您具備結合批判、真誠與責任感的特質。

愛因斯坦和佛洛伊德的往來在一九三二年夏季最為密切。兩人當時在國際智力合作委員會的主持下，就「戰爭的起因與對策」議題，曾有過一場討論。愛因斯坦的正式信函在一九三二年七月三十日寄出，附有以下這封寫於同日的私人短箋：

我想藉此機會向您致上我親切的問候，並感謝您的著作伴我度過愉快的閱讀時光。有些人縱使不相信您的理論，卻也發現難以抵抗您的看法。他們在放下戒心時，會無意間在言談及思維中援引您的術語——觀察到如此現象，我總覺得特別有趣。

01〉國際聯盟（League of Nations）成立於一九二〇年，一九四六年解散，是世上第一個以維護世界和平為首要任務的國際組織。

【愛因斯坦致信佛洛伊德】

如下是愛因斯坦致佛洛依德的公開信，但此信罕為人知。

親愛的佛洛伊德先生：

國際聯盟與巴黎的國際智力合作委員會提議，我可挑選一位人士，邀之開誠布公地就我所提的任何問題進行意見交流。得此良機，讓我可與您商討當前文明必須面對的所有狀況中最急切的一個問題——是否有任何辦法，能讓人類擺脫戰爭威脅？眾所周知，隨著現代科技進步，這個議題已是攸關文明世界存亡的大事。然而，各種嘗試解決之舉儘管熱切有餘，卻盡數令人痛心地以失敗收場。

我相信，那些有責任應以專業且實際的方式解決問題的人，正益發意識到自己對此的無能為力。他們現在熱切希望能了解沉浸於探求科學領域者的看法，後者能以透視的遠距觀點看待此一世界性的問題。而我，我思想的常態目標並非洞察人類意志與感受的黑暗之處。因此，對於今日提出的問題，我只能在議題上釐清當中疑問，同時理出較為可行的方法，讓您以此為基礎，導入您對人類本能的深遠知識。這當中必然存有心理學知識上的障礙；一個精神科學的門外漢或許能隱約臆測到這些障礙存在，但當中的交互關係與變幻莫測，卻是他無能揣摩的；而我深信，您能提出範圍多少在政治之外、排除這些障礙的教育方法。

身為對民族主義偏見免疫之人，我個人見得一個簡單方法可處理淺層面（即行政方面）的問題：在國際共識下，成立一個司法與立法機構，以解決國與國之間的衝突。各國得遵守該機構頒布的命令，在每次紛爭時援引其決策，毫無保留地接受其裁決，並為執行其法律，落實該審理委員會認定的所有必要措施。但我在最初就遇上一道難題；審理委員會是一個人治機構，其支配權依此程度並不足以執行其判決，容易因為受到司法之外的壓力而轉向。這是我們必須考量的事實；司法無可避免地與權力密切相關，司法判決更近乎公眾要求的理想正義（這些判決便是以此名義及其利益而做出），唯社會必須具備足夠權力，強制人民尊重其司法理想。然而，目前毫無任何超越國家的組織，有能力做出無可爭議的權威判決，並強制受審者絕對服從其判決。於是我想到第一個公理：尋求國際安全，某種程度上便意味各國都必須無條件放棄行動自由——亦即其主權；而要達成這般安全狀態，無疑僅此一途。

儘管眾人的熱忱有目共睹，但過去十年為實現這個目標而付出的努力全都失敗。我們不禁懷疑，這些努力全數癱瘓，是因為背後強大的心理因素在作祟。其中一些因素並不難尋見。渴望掌權是各國統治階級的標誌，這個心態與任何限制國家主權的行為勢必水火不容。這種對政治權力的饑渴通常會獲得另一群人支持，這些人的抱負就是唯利是圖。我想到的尤其是那些活躍於各國、規模雖小但卻難纏的群體；如此群體是由一些漠視公共事務和社會困境之人組成；對於戰爭、製造軍火、銷售武器，他們不過將之視為增加個人利益和擴大個人影響力的大好契機。

認清這個明顯的事實，不過是了解實情的第一步。另一個問題隨之而來：這一小群人怎麼可能讓已有敗戰準備、並為之受苦的多數人的意志為之屈從，以遂行其野心。（我此處所指的多數人亦包括以征戰為業的各級軍人；他們相信自己是在捍衛自身種族的最高利益，而主動攻擊通常就是最佳的捍衛方式。）這問題的答案十分明顯，因為這少數人——即當前的統治階級——握有學校及媒體，通常還掌有教會。他們能組織並煽動群眾，將人民當成自己的工具。

即便如此答案也沒能提供完整的解決方法，從中甚至衍伸出另一個問題：這些手段怎能成功煽動大眾如此狂熱，即便犧牲性命亦可？這答案只有一種可能——因為人的內在潛藏著仇恨與破壞的欲望。如此激情平常都處於潛伏狀態，唯有在非比尋常的情境下才會升起；但要喚醒如此欲望、將之提升到集體精神癲狂的程度相當容易。我們思考的所有複雜因素，關鍵或許正在於此。這是唯有深諳人類本能的專家方能解開的謎團。

於是，我們來到最後一個問題。是否可控制人類的心理發展，使其能抵禦仇恨與破壞的精神錯亂？我想到的對象絕非僅止於所謂「未開化」的大眾。經驗證實，所謂的「知識分子」反而更容易臣服於災難性的集體意念；因為知識分子並未直接接觸赤裸裸的真實人生，他們所知的生活不過是見於紙頁、最簡化的假想形式。

總而言之，目前我只談及國家之間的戰爭，也就是國際衝突。但我很清楚人類侵略本能會以其他形式、在其他狀態下運作。（像是昔日源自宗教狂熱、今日則出於社會因素的內戰；或是對少數種族的迫害。）但對於人與人之間最典型、最殘酷且無度的衝突形式，我堅信的看法是經過深思熟慮的；而此際正是找出化解所有武裝衝突的途徑和方法的最佳良機。

我知道，對於這個迫切又有趣的問題的所有節點，我們或許能從您的著作中找到或明確、或暗示的解答。對於世界和平的問題，若您能以您最近的發現呈現，對世人可謂大有裨益，因為此舉或許可為嶄新而豐饒的行為模式開拓一條先導之路。

您誠摯的，

阿爾伯特·愛因斯坦

極力促成愛因斯坦與佛洛伊德兩人通信的國際聯盟官員史泰尼格（Leon Steinig）先生，在一九三二年九月十二日致信愛因斯坦。信上寫道：

……我在維也納探訪佛洛伊德教授時，他託我向您致謝，感謝您的美言，並轉達他會竭力探究遏止戰爭這個棘手問題。他會在十月初備妥答案，但也認為屆時所言恐怕不會有激勵人心之效。「終此一生，我都得告訴他人那些難以忍受的真相。如今我已年邁，更不願欺騙他們。」他甚至對博內[2]是否有意願出版他悲觀的回覆存疑……

四天後，愛因斯坦回覆史泰尼格，表示就算佛洛伊德的回覆既不正向，也不樂觀，必然也相當有趣，而且在心理學上有其意義。

02〉博內（Henri Bonnet, 1888-1978），時任巴黎國際智力合作委員會會長。

【佛洛伊德回覆愛因斯坦】

如下這封佛洛伊德一九三二年九月從維也納回覆愛因斯坦的信件，當時也未得到應有的重視：

親愛的愛因斯坦先生，

得知您有意邀我就一個不僅您個人感興趣、也因涉及公眾利益而值得關注的議題交流意見，我在此誠摯答應。我本預期您會選擇一個既知中間地帶的問題，一個身為物理學家的您，與心理學家的我，各自從不同角度出發，但最後會達成共識的議題——儘管你我各有不同的闡述前提。因此，當您提出「如何使人類免於戰爭威脅？」，這個問題著實讓我甚感驚訝。隨後，我念及我的（我差點寫成我們的）無能，進而啞然；因為我認為此問題事關政治現實，是政治家才須研究之事。但我隨後便明白，您並非以科學家或物理學家的身分提出此問，而是以一個身為關愛同胞、響應國際聯盟號召之人，一如視對無家可歸者及大戰災後飢民馳援為已任的極地探險家南森[3]。我繼而提醒自己，我之所以獲邀討論，並非要我制定出實際解決方案，而是解釋心理學家如何看待遏止戰爭的問題。

但您在信中已點明了這個議題的主旨——這倒是先給了我一記下馬威！但我仍樂於跟隨您的腳步，贊同您的結論；不過，我打算利用您的結論來強

03〉南森（Fridtjof Nansen, 1861-1930）為挪威探險家、科學家和外交家，曾擔任國際聯盟高級專員。南森在一九二二年曾獲諾貝爾和平獎。

化我的知識或推論。

您的出發點是權力（might）與權利（right）的關係，這確實是我們探尋的正確起點。但對「權力」一詞，我會以一個更強硬且確切的詞彙代替，那就是暴力（violence）。今日在權利與暴力當中，有個明顯的矛盾，我們能輕易證明這兩者是相互從彼此當中逐步形成，而當我們追本溯源去檢視原始狀況，問題的解方也將輕易隨之而來。我隨後所言可能已是眾所周知的既定事實，但懇請您稍微遷就，將之視為新訊看待；就承接脈絡來說，這是必要的方法。

原則上，人與人之間的利益衝突可訴諸暴力解決。這一點在動物界亦然，人無法自絕於外，稱自己並不在此列；然而人類也容易產生意見衝突，而意見衝突有時關乎最高遠的抽象思想，需要以另一種方式解決。但這樣的昇華是晚近的發展。首先，在小型聚落中，群體力量是決定所有權與定奪誰的意志才是贏家的要素。藉由使用各種附屬物，蠻力很快會被行使，而後遭替換；最後只證明勝者不過是手上武器更精良，或運用技巧更高超。現在，隨著軍事武器出現，優越的智力首次開始驅逐原始蠻力，但衝突追求的目的並無改變：其目的在使一方因受傷或力量受損，被迫放棄所有權與優先權。要得此結果，讓對手徹底喪失戰力是最有效的方法，換言之，就是將之殺害。這個常規作法有兩項優點：敵人無法再度起而反攻，再者，他的下場會打消他人追隨的念頭。此外，屠殺敵人滿足了一種人類本能的渴望——這一點我們稍後再談。但另有一種考量或許能抵消這殺戮的念頭——奴役敵人，折磨其精神，但饒其性命。如此一來，暴力有了殘殺之外的出路，那便是征服。留人活口之舉因此應運而生；但勝者此後將憂於受害者的復仇渴望，因而在某種程度上喪失人身安全。

因此，在原始條件下，優勢力量——暴力，或憑藉武器支持的暴力——能無往不利。我們知道，這種情況在人類發展過程中有了改變，循著一條路由暴力走向法律。但這條路是什麼？它當然源於一個真理，那就是一群聯合的弱者，可勝過一個優勢的強人，亦即「團結就是力量」這句老話。團結能克服暴力；零散弱者相互結盟的力量，能成功以其正義對抗隻身的巨人。因此，我們可將「權利」（即法律）定義為社群的權力。然而，它與暴力無異。它恣意攻擊擋其路徑的任何人，手法相同，結果也如出一轍，唯一差異僅在如此恣意為之的是一種集體、而非個人的暴力。不過，人類要從粗野暴力過渡到法律統治，首先得達到特定的精神狀態。多數人組成的聯盟必須穩定而持久。如果聯盟存在的唯一理由，是為了擊敗某個傲慢的個人，那麼，此人垮台之後，聯盟將會解散，最終不會產生任何結果，而另有自恃力量優越超凡的他者，會繼而企圖恢復暴力統治，如此循環將永無休止。因此，人民聯盟必須是永續的、而且組織良好；必須制定規範以因應造反可能的風險；它必須建立機制，確保其規則、也就是法律受人遵守，而且暴力行為一如法律所要求的、能獲得充分執行。這種對利益共同體的認同，在聯盟成員中產生了團結的情感與友愛的向心力，構成了它真正的力量。

截至目前，我已列出我認為的問題核心：藉由將權力移轉到一個立基於以共同情感連結其成員的較大團體，以壓制蠻力。其餘理由不過是註解和贅述。只要這個團體是由若干平等的個體組成，那麼狀況會很簡單，如此群體的法律能決定個體的自由必須犧牲到何等程度，亦即向個人行使暴力的權利，以確保群體的安全。但這種聯盟只在理論上可行，實際情況總是複雜難解，因為團體成員的能力從一開始就不同等，男人與女人，長者與幼兒，很快地，因戰爭與征服而產生的勝利者與戰敗者——即主人與奴隸——亦然。

普通法從這時起注意到這些權力的不平等現象[4]，亦即法律是由統治者制定，為統治者而設，較低階層從中得到的權利也比較少。國家內部從此就有了兩種造成法律不穩定、但也導致立法改革的因素存在。第一，統治階級成員企圖凌駕法律限制；第二，被統治者為擴大自身權利，因而不斷抗爭，並細查法規中各項好處，以眾人適用的法律平等取代法律上的缺陷。其中第二種傾向在群體裡的力量平衡出現明確變化之際會特別明顯，正如某些歷史條件下的常見結果。在這情況下，法律可能會逐漸適應有別於以往的條件，或者（通常更可能），統治階級會不願接受這些新發展，進而導致叛亂與內戰；法律在這段時期會暫遭擱置，再度藉武力仲裁，繼之則是新的法律制度。還有另一個改變憲法的因素，是以完全和平的方式運作，那就是社會群眾的文化演變。但這個因素的層次不同，稍後再議。

所以，我們看到，當利益衝突面臨緊要關頭，即便群體內部也避免不了暴力行為。但生活在同一片天空下的團體成員，其共同需求與習慣皆偏好迅速解決這類問題。正因為如此，和平解決的可能造就了持續的進步。然而，只要隨意一瞥世界歷史，便會看到無止盡的連串衝突出現在社群與社群、團體與團體之間，在大小單位之間，在城市、國家、種族，部落與王國之間，而這些衝突幾乎全是以戰爭的磨難收場。如此戰爭無非是以掠奪或征服告終，後果便是成王敗寇。在這些因擴張而起的戰禍中，不可能有面面俱到的判斷立場。有些已造成徹底的苦難，例如蒙古人與突厥人的爭戰；但其他事件則是進而推動了暴力轉變為律法，因為它們促成了更大的政體誕生，在限制下禁止訴諸暴力，且所有爭端皆由新政權裁決。於是，羅馬的征服之舉造福了地中海區域，出現「羅馬治世」[5]；而法國君王的擴張野心則創造出一個在統一與和平下繁榮昌盛的新法國。雖然這聽似自相矛盾，但我們得承

04〉普通法（common law）是兩大法系之一；傳統上的普通法對於原告的救濟措施較受限；後來與此相應的衡平法（equity law）因而逐漸成形，在十七世紀時成為司法體系的一部分。
05〉羅馬治世（Pax Romana）又稱「羅馬和平」，指羅馬帝國統治下約兩百年的和平盛世。

認，戰爭可能有助於為你我渴望的那種永世和平鋪路，因為戰爭能催生出龐大的帝國，而帝國中央強大的力量會遏止疆界內的所有衝突。然而，這個目標實際上無法實現，因為勝利的成果通常早夭難長存，這個新生的一統局面會再度崩潰，因為一個透過暴力聚合的群體，當中各組成並無真正的凝聚力。這些征服迄今只造就出因其規模巨大、反而有其限制的聚合體，而當中各組成彼此間的爭端，也唯有訴諸武力方能解決。對人類全體而言，所有軍事野心的唯一結果，就是我們如今得面對的不是零碎不斷的小型爭戰，而是不常發生、但毀滅性卻更為強大的大型戰爭。

這個結論放在現代來看同樣有效，您雖然走了捷徑，但也得到同樣結論。要終結戰爭有一種可靠的方法，亦即在共識下建立一個對所有利益衝突都具有最終決定權的中央統治。為此，兩件事是必要的。首先，設置一個最高司法機關；第二，賦予它足夠的執行力量。除非落實後者，否則前者形同虛設。做為最高司法機關的國際聯盟實現了第一項條件，但顯然並未落實第二項。它沒有任何實質可支配的力量。唯有由這個新生架構底下各組成國的成員賦予，這個組織才有力量可言。但在目前情況下，這個希望前景渺茫。然而這是一場在歷史進程中規模罕見、也許可說空前的實驗；若忽視眼前事實，那我們對於國際聯盟的看法，可說目光仍舊非常短淺。這是取得權威（換言之，強制影響力）的嘗試之舉，而這個權威的權力取得，在過去都是單靠發揮某些理想主義的心態。我們已知，凝聚一個群體有兩項要素：團體成員之間的暴力強迫，以及情感連結（術語稱之為「認同作用」）。如果其中一項要素失效，另一項仍足以維繫整個群體。這些概念顯然唯有在它們乃是根深柢固、眾人皆有一致感的表現時才具意義。因此，度量如此情感的效力是必要之舉。歷史告訴我們，這些情感有時頗具成效，例如希臘人意識到自己較野蠻鄰國優越的「泛希臘」概念，就展現在近鄰同盟[6]、神諭與奧林匹克運動會當中；這種概念雖強大到足以讓希臘城邦之間的戰爭手段稍具人性，仍無法阻止希臘民族間不同群體的衝突，甚或無法遏阻為求大敗對手而與世仇波斯人聯手的諸多城邦。儘管權威浩大，基督教世界在文藝復興時期的團結已不再有力，無能阻止大大小小的基督教國家向伊斯蘭國家領袖尋求救助。而在現今這個時代，我們徒勞地尋求某種威權無庸置疑的統一概念。今日在各國地位皆屬至高無上的民族主義思想，造成的影響根本與此概念背道而馳，這一點再清楚不過。有些人認為布爾什維克[7]的思想或許能結束戰爭，但就實際狀況，這個目標仍然遙不可及，或許要在歷經一段時間的兩敗俱傷的慘戰後才會實現。所以，在當前情況下，任何想藉理想的威權取代暴虐武力的嘗試，注定盡數會以失敗收場。我們若忽略「權利乃建立於暴力，而且即便今日也需要藉暴力維持」的事實，那便是邏輯有誤。

現在我可以對您的其他陳述稍作評論。您很驚訝，人類竟然這麼容易受戰爭狂熱感染；您推測人類內在有一種仇恨與破壞的活躍本能，會接受如此刺激。我完全同意您的看法。我相信這種本能的存在，近來也竭盡心力研究它的表現形式。在此脈絡下，我能否就此本能，對我等精神分析學家歷經無數試驗性論文，以及從黑暗中摸索而得的知識稍作闡述？我們假設人類本能有兩類：那些內斂而一體的，我們稱之為「erotic—愛欲」（依柏拉圖在《會飲篇》[8]賦予愛神厄洛斯的意義），或稱之為「sexual—性欲」（明確延伸自「性」這個字的普遍含義）；而第二類，是破壞與殺戮的本能，亦即我們理解的侵略與破壞本能。正如您所理解，愛與恨，這些人盡皆知的對立面，轉化成了理論性的存在；或許，它們是永恆的兩極，一如引力與斥力，是屬於您的專業領域。但我們對於善與惡的概念，絕不可過度輕忽。每種本能一如其對立面，皆不可或缺；無論本能的運作是協同或互斥，所有生命現象都源

06〉近鄰同盟（Amphictyonies）是一個宗教性組織，由雅典、色薩利等十二個城邦構成。
07〉布爾什維克（Bolshevist）是俄國社會民主工黨中的一個派別，列寧為其領袖人物，提倡民主集中制。
08〉《會飲篇》（*Symposium*）為柏拉圖所著，內容關於愛的本質。

自於本能的活動。各自類型當中的本能很少獨立運作，總會與對立的本能有一定程度的混合（就像我們說的「合金化」），而後者改變了其目標，甚至在某些情況下，反而是它達到目標的首要條件。因此，自我保護本能必然出自愛欲的天性；為了達成目的，這種本能必須採取激烈的行動。同樣道理，當愛的本能有特定的目標，若要有效地占有該目標，當中則需要混雜貪婪的本能。我們難以從其表現形式區隔兩種本能，而且長久來也無法辨認。

如果我們循著路再往前探，您會發現，人類的情況之複雜卻另有一套走法。人的行為唯有例外，才會依循單一本能的刺激，而單一本能就其自身而言，即是愛欲與破壞的混合體。通常，數個組成相似的動機會共同作用，引發行為產生。這是您的同行、曾任哥廷根大學物理學教授的李希騰堡[9]明確發現的事實；也許他身為心理學者還比物理學者的身分更出名。他發展出

「動機羅盤」的概念，曾寫道：「促使人類行為的有效動機，可歸類如羅盤上的三十二方位，並以同樣的模式描述，如『食物—食物—名氣』或者『名氣—名氣—食物』。」因此，當一個國家受召喚參戰，所有的人性動機會起而回應此呼籲——這些動機有高有低，有些會坦率承認，有些則刻意迴避。而動機當中當然也包括侵略與破壞的欲望；人類過往歷史與日常中難以盡數的殘酷事跡，便證實了這個欲望的盛行及威力。受理想主義與愛欲本能所吸引，這個破壞衝動自然會激發人類將之解放。尋思那些載於史冊的暴行，我們會察覺，看似理想的動機往往只是掩飾破壞本能的偽裝外衣；有時，當理想的動機占據意識前端，它們似乎會從隱匿在潛意識當中的破壞本能汲取力量，宗教法庭[10]的殘暴行為便是一例。這兩種解釋皆合理。

我知道，您感興趣的是遏止戰爭，而不是我們的理論，這件事我謹記在

09〉李希騰堡（Georg Christoph Lichtenberg, 1742-1799）是十八世紀的德國科學家、諷刺詩作者與格言家。

10〉宗教法庭（Inquisitio）又稱異端審判，十三世紀時由天主教會設立；負責偵查、審判和裁決所有被天主教會認定為異端的法庭。

心。但我想稍微再談一下這種破壞本能；它至關重要，卻罕受應得的重視。我們只需稍加思索，便能輕易得出結論：這種本能在每個生命體當中作用，竭力破壞，並將生命降至其原始的惰性狀態。實際上，這個本能可以「死亡本能」稱呼；愛欲本能反之則是奮力求生的明證。當死亡本能藉某些器官之助，將其動作導引向外，對抗外在物體，這個本能就變成毀滅的衝動。也就是說，生物藉由摧毀異體以捍衛自身存在。然而，死亡本能在其中一種活動中，會在生物體內運作，我們已試圖就此破壞本能的內向性，追溯一些正常與病態現象。我們甚至以某種像是侵略衝動的「向內轉化」這樣的異端說法，來解釋人類良知的起源。這種內在傾向作用的規模一旦過大，顯然就不是區區小事，反而是明確的病態；而當破壞衝動轉向外在世界，作用卻必然有利。對於所有我們正與之搏鬥、邪惡且有害的習性，這些即是就生物學上的解釋。我們必須承認，比起我們用來與之抗衡、但實際上仍待解釋的立場，這些習性確實更接近本質。

我所寫的這些，可能會讓您認為我們的理論無異於各式神話、而且是悲觀的神話！不過，各類自然科學最終難道不都是殊途同歸，都像是某種神話？在您的物理學領域，今日與此可有不同？

這些對於眼前主題的觀察，結論就是我們不可能抑制人類的侵略傾向。有人說，世上某些自然資源能豐沛地滿足人類欲望的歡樂角落，有不知侵略和壓迫為何物的民族，安定地生活當中，繁茂興盛。對此，我難以置信；我還真想近一步了解這些快樂的人。布爾什維克主義者一樣渴望藉由確保滿足物質需求和實現人人平等之舉，以抹去人的侵略性。在我看來，如此希望無異緣木求魚。他們在這麼希望的同時，卻也忙著強化軍備，而對外人的仇恨感，就是他們相互凝聚的最重要方式。正如您也觀察到的，無論如何，絕對無法完全遏制人類的侵略傾向；我們應該嘗試的，是將此傾向移轉到戰爭之外的途徑。

從本能的「神話」當中，我們可輕易推論出間接消弭戰爭的方式。如果人類引戰的習性肇因於破壞本能，莫忘我們一直握有與其對立的「愛欲」本能。所有在人與人之間產生情感牽絆的因素，必能用於化解戰爭。這些牽絆可分兩類。其一，一如對於心愛對象之情感，但不帶性意圖。精神分析學家在此關聯上提到「愛」時，無須內疚；宗教也使用同樣的表達方式——愛你的鄰人，如同愛自己。這個訓喻如此虔敬，易於唇舌，卻難以實踐。另一種情感的連結則是透過認同感。所有闡明眾人之間明顯相似性的東西，會帶起認同感這種共同體的感受發揮作用，而人類整體社會有極大程度正建構在這個感受上。

您譴責威權遭到濫用，我倒是從中得到可間接對付戰爭衝動的聯想。人類可分為領導者及被領導者兩類，這不過是人類與生俱來、且無可挽救的不平等狀況的另一種展現。被領導者組成了階級中的絕大多數，大家需要一個崇高的統帥為眾人定奪，而且眾人通常會遵循其決定，毫無異議。循此脈絡，我們可說，倘若這個優越階級不是以能承受恫嚇威脅、熱切追尋真理，且其職責在於導引大眾仰賴其帶領的獨立思考者所組成，那麼，大眾的處境會較過去更加水深火熱。我們無須點明，政治人物的統治與教會對思想自由的禁絕，對於促成如此的新局面如何無濟於事。顯然，在一個人人皆讓本能受理性指揮的群體當中，才可見這般理想狀態。如此才能造就人與人之間徹底而永續的結合，即便這意味要斷絕情感上的共同連結。然而，這純然是烏托邦式的奢望。其他遏止戰爭的間接方式必然較為可行，但無法速見成效，這些間接方法會讓人聯想到這番不堪的景象——磨臼緩慢轉動，但在磨出麵粉之前，人早已餓死。

如您所見，向一個不問世事的理論家諮詢這些實際且急迫的問題，毫無益處可言。運用我們手上現有的方式處理接踵而至的危機，理當更佳。不過，我還想談一個您信中未提、但我甚感興趣的問題。你、我，以及其他眾人，我們為何如此強烈反戰，而不是視之為人生另一個醜惡的妥協？因為戰爭似乎如此自然，在生物學上合理，實際上也無可避免。想必您不會震驚於我竟如此提問。要找到問題的答案，也許可戴上假裝冷漠的面具。對於我的提問，解答可能如下：因為人人本有權掌控自己的生命，而戰爭卻摧毀了你我前景可期的人生；它迫使人陷入讓人性蒙羞的處境，逼迫人違背自身意願，殘殺同為人類的同胞；它破壞物質設施，摧毀人類勞苦所得的碩果，以及不勝枚舉的其他。再者，若按舊時理想，現今的戰事也難以英勇行為稱之；由於現代武器精良，當前的戰爭意味了交戰雙方若非玉石俱焚，其中一方也會遭到徹底絕滅。這如此真實，如此明顯，我們不禁會問，共識何以禁止不了戰爭。我先前提出的任何看法，無疑都有討論空間。或許，我們該反問社會，它是否不可聲稱掌有其成員生命的權利。還有，不可毫無差別地譴責各種形式的戰爭；這世上只要有隨時皆可無情殲滅敵方的國家與帝國存在，各國就必須隨時整軍應戰。但我們不應糾結於這些問題；這些問題並不在您邀我議論的範圍之內。那麼，我繼續談另一個突然想到的觀點，就是你我對戰爭憎惡感的基礎。誠然，對於戰爭，除了憎恨，我們別無選擇。你我之所以是和平主義者，是因為我們的生物天性使然——因此要找到論據，證明自身的觀點並不難。

不過，這一點需要稍作解釋。我是這麼看的：自古以來，人類的文化發展（我知道有些人偏好以文明稱之）便不斷進行。人類性情中的良善可全數歸功於此過程，但人類苦痛的肇因亦然。這個發展的起源及成因朦朧晦澀，問題含糊不清，但當中有某些特徵卻易於察覺。這個發展極可能導致人類滅絕，因為它在許多方面削弱了生衍功能，即使今日各國未開化的種族與落後的階級在繁衍速度上比文明社會速度更快。這個過程或許能以馴化對於某些動物的影響相比擬，當中明顯涉及構造上的形體變化；然而文化發展是一種有序的有機過程，如此觀點仍未普及。與這個文化變革過程相伴的人類心理變化十分顯著，而且無可否認。這些變化就出現在人類逐漸摒棄本能，以及本能反應相對的減少當中。曾經愉悅你我先祖的感知，對我們而言已變得索然無味，甚至難以承受；而我們的倫理和美學理想若是有所變化，追根究柢，其成因依然是有機的。就心理學層面而言，最重要的文化現象有二，首先，是人類智力增強，你我的本能容易因而受智力控制；再者，是侵略衝動的轉而向內，以及伴隨而來的益處與危機。如今，戰爭強烈地與文化發展加諸於你我的心理傾向相扞格，我們因而必然會憎恨戰爭，判定戰爭完全令人無法容忍。對如你我這樣的和平主義者而言，這不僅是智力與情感上的排斥，本質上更是難以忍受，是一種形式最激烈的習性展現。況且，在造成這般憎惡感上，戰爭對於美學的羞辱幾乎就與戰爭的殘酷等量齊觀。世上眾人還要多久才會成為和平主義者？這問題不會有答案。你我希望，人類的文化傾向以及對未來戰爭形式其來有自的恐懼，在可及的將來能夠遏止戰爭。如此希望或許不是空想。但我們無法臆測它會從何發生、又如何發生。在此同時，我們的指望可寄託在所有造就人類文化發展的事物上，期待這些同樣能為反戰盡一份力。

誠摯問候。

若信中直白使您失望，甚感抱歉。

此致

西格蒙德·佛洛伊德

【愛因斯坦回覆佛洛伊德】

愛因斯坦收到回信後，顯然沒有失望。他在一九三二年十二月三日回覆佛洛伊德：

您真切而精彩的回覆，是國際聯盟和我甚為滿意的一份贈禮。我在致信給您時非常清楚自己的角色無足輕重，僅想表達個人善意，並藉此拋磚引玉。您在回覆中提出了某種全然宏大的觀點。我們無法得知這顆種子將長成什麼模樣，因為任何行為與事件對人類的影響皆難以預料。你我的能力範圍不在此內，也無須為此擔憂。

您畢生竭力尋求真理，並以至為罕見的勇氣宣揚個人信念，此舉已贏得我和世人的感激及敬意……

這些信件不但代表兩人的思想精粹，也代表著一場偉大的精神交流。不過在希特勒掌權後，愛因斯坦與佛洛伊德流亡海外，這些信件因此從未獲得應有的重視與流傳。

雖然甚具代表性，但諷刺地，愛因斯坦與佛洛依德的通信只發表在一九三三年出版的《為何戰爭？》（Why War?）小冊之中。這本小書的德文版首刷僅兩千本，英文版亦然。

智者與仁者的交會

托爾斯泰與甘地談自由，愛因斯坦與佛洛伊德論戰爭

作者︱甘地、托爾斯泰；愛因斯坦、佛洛伊德
譯者︱彭嘉琪、林子揚

總編輯︱富察
主編︱林家任
企劃︱蔡慧華

排版︱宸遠彩藝
封面設計︱井十二設計研究室

社長︱郭重興
發行人︱曾大福

出版發行
八旗文化／遠足文化事業股份有限公司
地址︱新北市新店區民權路108-2號9樓
電話︱(02) 2218 1417
傳真︱(02) 8667 1065
客服︱0800 221 029
信箱︱gusa0601@gmail.com

法律︱華洋法律事務所／蘇文生律師
印刷︱通南彩色印刷股份有限公司
出版日期︱2018年10月（初版一刷）
定價︱新台幣190元

智者與仁者的交會：托爾斯泰與甘地談自由，愛因斯坦與佛洛伊德論戰爭 / 甘地 (Mahatma Gandhi) 等作；彭嘉琪，林子揚譯；-- 初版. -- 新北市：八旗文化出版：遠足文化發行，2018.10
128 面；13X21 公分

ISBN 978-957-8654-34-1(平裝)

1. 言論集

078
107015770